DIESES BUCH GEHÖRT

....

....

Duden

Dein Lesestart

ERFINDERINNEN UND ERFINDER

HELEN SEEBERG

Dudenverlag
Berlin

Ach, wäre es nicht schön, wenn man bei
Stromausfall trotzdem Licht hätte,
oder die Wanderhose nicht reißen würde?
So beginnen die Träume vieler
kluger Erfinderinnen und Erfinder.
Doch wie erfindet man superfestes
Material oder eine Taschenlampe,
die nur durch die Wärme der Hand leuchtet?
Das alles und mehr liest du in diesem Buch.

INHALT

VIII IX X XI XII I II III IIII V VI
19:44
16:05

Manche Erfindungen sind so alt,
dass wir uns gar nicht mehr erinnern können,
wer darauf gekommen ist.

VIELE KLUGE KÖPFE

Uhren zur Messung der Zeit

Zeit vergeht.

Immer und immer wieder.

Die Sonne geht auf.

Die Sonne geht unter.

Der Mond geht auf.

Der Mond geht unter.

Ein Tag ist vergangen.

Ein neuer Tag beginnt.

AUFGEHEN
Du siehst die Sonne, den Mond oder die Sterne am Horizont nach oben steigen.

UNTERGEHEN
Sonne, Mond oder Sterne verschwinden wieder unter der Horizontlinie.

Die Zeit war schon immer da.
Und die Menschen versuchen
schon lange, sie zu verstehen.
Vergeht sie gleichmäßig?
Oder mal schneller und mal langsamer?
Wie kann man sie messen?
Wie die Tage zählen und sich merken?
Wie kann man einen Termin festlegen,
sodass alle zum gleichen Zeitpunkt kommen?

DIE ZEIT
ist immer da. Das Jetzt ist der Moment, in dem wir leben: die Gegenwart. Was vorbei ist, nennen wir Vergangenheit. Was noch kommt, ist die Zukunft.

DER ZEITPUNKT
Wir messen die Zeit, und als Zeitpunkt bezeichnen wir einen bestimmten Moment im Ablauf der Zeit.

Um die Zeit zu bestimmen,
beobachteten die Menschen
die Sterne, den Mond und die Sonne.
Denn sie alle bewegen sich –
und zwar **gleichmäßig!**
Die Erde dreht sich um sich selbst.
Das ist ein **Tag.**
Der Mond dreht sich um die Erde.
Das dauert einen Monat.
Die Erde dreht sich um die Sonne.
Das ist ein **Jahr.**

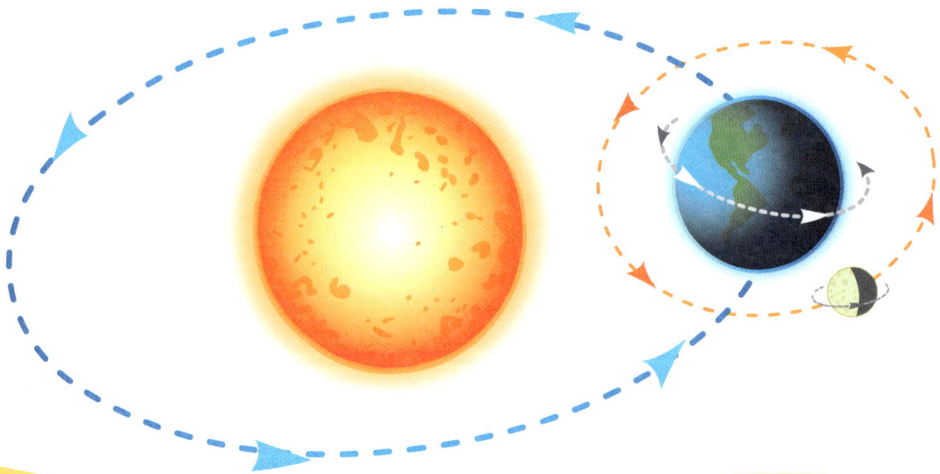

GLEICHMÄßIG
bedeutet in immer gleicher Weise.

DER TAG
dauert 24 Stunden. Jede Stunde unterteilt man in 60 Minuten. Und jede Minute hat 60 Sekunden.

DAS JAHR
hat 365 Tage. Alle vier Jahre gibt es einen Tag mehr. Diese Jahre nennt man Schaltjahre.

Moment, die Sonne!
Sie scheint jeden Tag hell und
wandert über den Himmel. Sie ist immer da.
Ihre **Bewegung** lässt sich gut beobachten.
Also, dachten die Menschen,
können wir uns an ihr **orientieren.**
Sie steckten einen Stab in die Erde
und schauten genau hin: Aha!

DIE BEWEGUNG
der Sonne am Himmel sehen wir an sonnigen Tagen. Allerdings bewegt sich nicht die Sonne, sondern die Erde.

ORIENTIEREN
bedeutet, sich zurechtzufinden oder etwas auszukundschaften, das man noch nicht kennt.

Durch die Sonne warf
der Stab einen Schatten.
Und so wie die Sonne sich bewegte,
wanderte auch der Schatten.
Auch ganz gleichmäßig!
Also teilten die Menschen den Weg des
Schattens in Abschnitte ein.
So konnte man die Zeit ablesen.
Man hatte die erste Uhr gefunden!
Das war die Sonnenuhr.

ABLESEN
bedeutet, sich auf einem Messgerät die genauen Daten anzuschauen.

DIE SONNENUHR
nutzten die Babylonier schon vor über 4000 Jahren. Allerdings teilten sie ihre Tage noch in 12 Doppelstunden ein.

Sonnenuhren waren toll. Doch was war nachts?

Hm, grübelten die Forscher weiter,

wie können wir die Zeit ohne Sonne messen?

Vielleicht mit einem **Pendel?**

Das versuchte ein griechischer Erfinder

im 3. Jahrhundert vor Christus. Klappte!

Oder mit Wasser, Gewichten und Zahnrädern?

Daran **tüftelten** arabische Ingenieure. Klappte auch!

Um die Zeit zu messen, gab es immer

neue **Verfahren.**

DAS PENDEL
schwingt gleichmäßig hin und her. Dafür braucht es eine bestimmte Zeit – und die kann man messen.

TÜFTELN
heißt, sich mit viel Geduld und Ausdauer mit etwas zu beschäftigen, das sehr schwierig oder kompliziert ist.

DAS VERFAHREN
bezeichnet die Art und Weise, wie man etwas macht.

Atomuhren sind sehr genau. Diese hier steht in Braunschweig.

Heute kann man die genaue Uhrzeit anhand der Sterne und der Sonne messen. Das geht sehr gut. Aber noch immer wird an neuen Uhren geforscht. Seit fast hundert Jahren misst man die Bewegungen von **Atomen.** Und ganz modern sind Uhren, mit denen durch **Licht** die Zeit bestimmt wird.

DIE ATOME
sind die kleinsten Bausteine, aus denen etwas besteht. Sie sind wirklich sehr klein! Sie schwingen ganz leicht hin und her.

DAS LICHT
besteht aus Strahlen. Dank ihnen können wir sehen. Auch diese Strahlen sind in Bewegung, und man kann ihre Geschwindigkeit messen – mit optischen Uhren.

Heute hat fast jeder eine Uhr.
Sportler rennen um die Wette.
Züge sollen pünktlich sein,
und der Raketenstart auch.
Im Auto leitet uns das **Navi.**
Auch das **GPS** funktioniert
per Zeitmessung.
Forschererinnen und Forscher
brauchen ebenfalls genaue Uhren:
Wie lange dauert etwas?
Bei vielen Experimenten
muss man das genau wissen.
Die genaue Zeit zu kennen,
ist heute sehr wichtig.

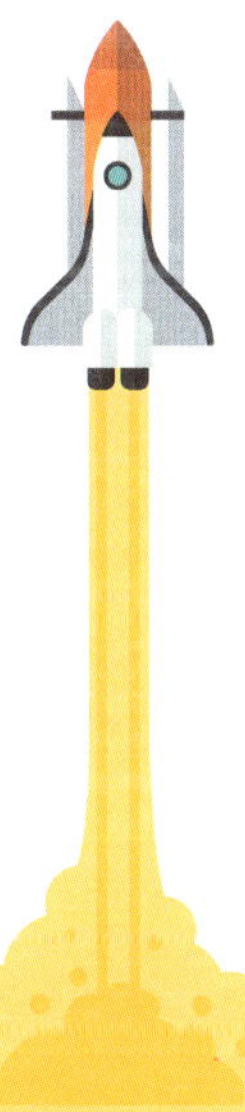

DAS NAVI
ist die Kurzform für Navigationssystem. Es hilft dabei, den richtigen Weg zu finden.

GPS
ist eine Abkürzung für den englischen Ausdruck: Global Positioning System. Dank GPS kann man seinen genauen Standort bestimmen.

Super gelesen

AUF ZUM RÄTSELSPAß!

1. Erde, Sonne und Mond bewegen sich unterschiedlich schnell. Was gehört zusammen? Verbinde die Sätze links mit denen rechts.

Der Mond dreht sich um die Erde.	Das dauert einen Tag.
Die Erde dreht sich um sich selbst.	Das dauert ein Jahr.
Die Erde dreht sich um die Sonne.	Das dauert einen Monat.

2. Die Sonnenuhr ist eine schlaue Erfindung. Welche Dinge sind wichtig, um sie zu bauen? Kreise die Wörter ein.

3. So viele Zeitwörter!
Finde sie im Buchstabengitter (ohne Begleiter): waagerecht, senkrecht und schräg.

der TAG · der TERMIN · LANGSAM · SCHNELL · die STUNDE · die MINUTE · die UHRZEIT

K	X	V	U	C	T	A	G	W	B
Y	P	L	N	H	E	F	W	V	Z
R	M	S	K	G	R	Y	B	K	M
L	N	X	C	S	M	Z	L	N	I
A	K	Q	V	H	I	W	E	Z	N
N	L	W	P	C	N	R	X	I	U
G	M	L	K	G	V	E	B	K	T
S	T	U	N	D	E	H	L	N	E
A	K	Q	V	C	S	W	N	L	F
M	L	R	B	D	H	Z	X	Q	V

Lösungen: 1. Der Mond dreht sich um die Erde. Das dauert einen Monat. / Die Erde dreht sich um sich selbst. Das dauert einen Tag. / Die Erde dreht sich um die Sonne. Das dauert ein Jahr. 2. Der Stab, die Sonne, der Erdboden, der Schatten. 3. Waagerecht: 1. Z. / 6. Sp.: TAG, 8. Z. / 1. Sp.: STUNDE, senkrecht: 1. Sp. / 4. Z.: LANGSAM, 6. Sp. / 1. Z.: TERMIN, 10. Sp. / 3. Z.: MINUTE, schräg: 1. Z. / 4. Sp.: UHRZEIT, 3. Z. / 3. Sp.: SCHNELL

Manche Dinge sind so kompliziert,
dass es für ihre Erfindung viele kluge Köpfe braucht.

FOCKE, SIKORSKI UND VIELE ANDERE

Der Hubschrauber

„Unfall in den Bergen!

Lawine ist abgegangen.

Zwei Wanderer sind in Gefahr.“

Der Notruf geht bei der **Bergwacht** ein.

„Verstanden. Wir sind unterwegs!“

DIE LAWINE

entsteht, wenn Schnee von einem Berg abrutscht. Dabei zieht er noch mehr Schnee mit, sodass riesige Schneemassen nach unten rauschen. Lawinen können rasend schnell und sehr gefährlich werden.

DIE BERGWACHT

rettet alle, die in den Bergen in Not geraten oder einen Unfall hatten.

Der Hubschrauber startet.

Bald ist die **Unglücksstelle** erreicht.

Der **Bergretter** seilt sich ab.

Er rettet die Verletzten.

Schon fliegt der Hubschrauber

mit ihnen ins Krankenhaus. Geschafft!

DIE UNGLÜCKSSTELLE
ist der Ort, an dem ein Unfall oder etwas anderes Schlimmes passiert ist.

DER BERGRETTER
und die Bergretterin gehören zum Rettungsdienst der Bergwacht. Sie helfen in Notfällen.

Senkrecht nach oben aufsteigen
oder gar in der Luft stehen?
Das ist nicht leicht.
Nur wenige Tiere können es.
Dazu gehören Libelle,
Schwebfliege und Kolibri.

SENKRECHT
meint von oben nach unten oder von unten nach oben.

IN DER LUFT STEHEN
bedeutet, sich an einem Ort in der Luft zu halten, ohne abzustürzen.

Damit das mit dem Hubschrauber gelingt, braucht man starke Motoren. Sie treiben die Flügelblätter an, die sich im Kreis drehen. Das sind die Rotoren. Sie sorgen für **Auftrieb** und **Vortrieb**, und jeder Hubschrauber braucht mindestens zwei Rotoren. So klappt das Fliegen! Und wer hat es erfunden?

DER AUFTRIEB bezeichnet die Kraft, die nötig ist, damit ein Körper in die Luft aufsteigt und sich oben hält.

DER VORTRIEB ist die Kraft, die man braucht, um sich nach vorn zu bewegen.

Die Technik an einem Hubschrauber ist sehr kompliziert. Und er braucht starke Motoren. Bereits vor vielen hundert Jahren arbeiteten Menschen daran, weil sie alle vom Fliegen träumten. Schon im alten China gab es Spielzeug, das wie der Samen von Ahorn durch die Luft segelte. Leonardo da Vinci dachte sich um 1490 ein Fluggerät aus, das einem Hubschrauber ähnlich sah. Doch abheben, das konnte es nicht. Andere versuchten es mit fliegenden Fahrrädern, heißer Luft in Ballons oder vielen Drehscheiben.

Die Luftschraube von Leonardo da Vinci

DAS ALTE CHINA
bezeichnet das chinesische Altertum. Es meint die Zeit von der Shang- bis zur Han-Dynastie. Das war vor über 2000 Jahren.

LEONARDO DA VINCI
Mehr über den berühmten Erfinder liest du im nächsten Kapitel!

Igor Sikorski beim Flugversuch

Der Focke-Hubschrauber

Richtig in die Luft aufzusteigen,
klappte erst 1936. Henrich Focke gelang es,
ein Gerät zu entwickeln, das abhob und flog.
Ihm war der Durchbruch gelungen!
Doch das war nicht allein sein Werk.
Er hatte Forschungen von klugen Köpfen
aus Italien und Spanien benutzt.
Und fertig war der Hubschrauber noch lange nicht.
Viele Menschen überlegten und arbeiteten
weiter daran. Besonders große Fortschritte
machte Igor Sikorski in den 1930er-Jahren.

HENRICH FOCKE
lebte von 1890 bis 1979. Er konstruierte Hubschrauber und Flugzeuge.

IGOR SIKORSKI
lebte von 1889 bis 1972. Auch er beschäftigte sich sein ganzes Leben mit Hubschraubern und Flugzeugen.

Heute drehen sich die Rotorblätter von **Hubschraubern** immer schneller, und sie fliegen immer besser.
Man nutzt sie bei Rettungseinsätzen.
Sie bringen Baumaterial auf Hochhäuser.
Die Polizei behält so ganze Gebiete aus der Luft im Blick. Manchmal fliegen auch Touristen mit ihnen.
Daneben gibt es Hubschrauber wie den **Chinook,** der schwere Lasten transportieren kann.
Und einen, der seine Rotorblätter umklappen und als Flugzeug weiterfliegen kann.

Ein Chinook-Hubschrauber

DER HUBSCHRAUBER
wird manchmal auch Helikopter (kurz: Heli) genannt. Typisch sind die Drehflügel, die auch Rotorblätter genannt werden.

DER CHINOOK
ist ein Hubschrauber, der sehr stabil fliegt und bis zu 54 Personen transportieren kann. Er wird vor allem vom Militär genutzt.

Eine Lieferdrohne

Vielleicht werden bald bei jedem von uns **ferngesteuerte** Mini-Hubschrauber auf den Fensterbrettern landen und die Pizza liefern:
Hallo, hier kommt die **Lieferdrohne!**

FERNGESTEUERT
bedeutet, ohne dass ein Mensch mitfliegt.

DIE LIEFERDROHNE
fliegt ferngesteuert und kann schnell kleine Lasten transportieren. Oft haben Drohnen nicht zwei Rotoren, sondern vier oder acht.

Super gelesen

AUF ZUM RÄTSELSPAß!

1. Welches Tier kann in der Luft stehen?

1 = D, 4   1, 2 = LI   ~~1, 2~~

2. Das Leselabyrinth

Führe den Hubschrauber direkt zum Einsatzort. Sammle auf dem Weg die Buchstaben ein. Welches Wort ergibt sich?

_ _ _ _ _ _

3. Wie viele Rotoren braucht ein Hubschrauber mindestens? Finde sie im Suchgitter.

Anzahl: ☐

T	O	R	T	R	O	T	R
O	R	T	O	T	R	O	T
R	O	R	O	R	O	R	O
O	T	O	R	O	T	O	T
R	O	T	O	R	O	T	R
O	T	O	R	T	R	O	O

4. Welches andere Wort gibt es für „Hubschrauber"?

a) ☐ der Schubhauber

b) ☐ das Halligalli

c) ☐ der Helikopter

Lösungen: 1. die Libelle; 2. NOTRUF; 3. ROTOR ist zweimal versteckt (5. Zeile, 6. Spalte) ; 4. c) der Helikopter

Ein genialer Zeichner
mit immer neuen Ideen:

LEONARDO DA VINCI

Brücke, Fallschirm, Katapult und vieles mehr

Leonardo schaute in den Himmel.
War das spannend, wie die Vögel mit den Flügeln schlugen! Schnell zeichnete er sie.
Dann entdeckte er einen Bauern bei der Arbeit.
Deutlich sah man die Muskeln des Mannes.
Sie bewegten sich!

LEONARDO DA VINCI
lebte von 1452 bis 1519. Er war ein italienischer Maler, Bildhauer, Architekt, Mechaniker, Ingenieur und Philosoph – ein wahres Genie!

MUSKELN
hat jeder Mensch und jedes Tier. Sie befinden sich fast überall im Körper. Man braucht sie, um sich zu bewegen, zu atmen, für den Herzschlag – und für vieles mehr im Körper.

Auch das zeichnete Leonardo.
Und das Gesicht – wie schön!
Schon wieder hatte Leonardo
den Stift in der Hand.
Er konnte gar nicht mehr aufhören.
Heute sind etwa 6000 Blätter
mit Zeichnungen von ihm überliefert.
(Dieses Buch hat 64 Seiten.)

DIE ZEICHNUNGEN
Von Leonardo sind sowohl Skizzen als auch Zeichnungen erhalten. Er arbeitete meist mit Kreide, Silberstift, Tusche oder Rötel – einem roten, weichen Gestein.

ÜBERLIEFERT SEIN
bedeutet, dass etwas sehr alt ist und man beweisen kann, dass es wirklich echt ist.

Leonardo da Vinci wuchs in Italien auf. Das war zu der Zeit, als **Kolumbus** nach Amerika segelte und **Gutenberg** in Mainz den Buchdruck erfand. Diese Zeit nennt man **Renaissance.** Die Menschen waren neugierig und wollten alles genau erforschen.

Ein Segelschiff

Eine Druckerpresse

CHRISTOPH KOLUMBUS
lebte von 1451 bis 1506. Er war ein italienischer Seefahrer, der einen Seeweg nach Asien finden wollte, aber dabei nach Amerika fuhr.

JOHANNES GUTENBERG
wurde um 1400 geboren und starb 1468. Er entwickelte eine Technik, um mit beweglichen Buchstaben, den Lettern, Texte zu drucken. Er gilt als der Erfinder des Buchdrucks.

DIE RENAISSANCE
ist ein französisches Wort. Man spricht es "rö-ne-ssons". Sie ist eine etwa 300 Jahre andauernde Epoche in Europa.

Auch Leonardo
schaute genau hin.
Denn er wollte verstehen,
wie alles funktionierte.
Er schnitt sogar Leichen
auf und schaute hinein.
Die Natur lieferte
ihm viele Ideen.
Heute nennt man dieses
Vorgehen **Bionik.**

Eine Klettenpflanze

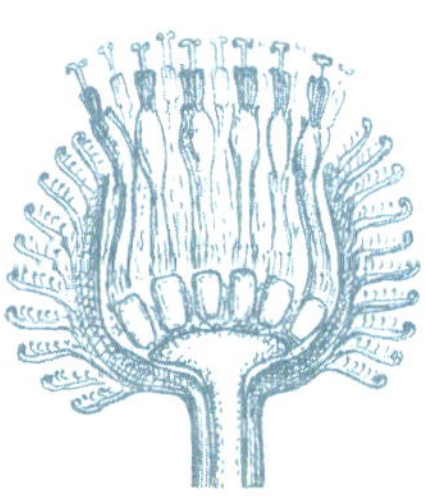

DIE BIONIK
ist der Versuch, sich etwas von der Natur abzugucken und dann zu übernehmen. So haben Kraken zum Beispiel Saugnäpfe – und wir benutzen Klebehaken. Und Kletten waren die Vorbilder für unseren Klettverschluss.

Die Vogelflügel?

So könnte man einen

Flugkörper **konstruieren.**

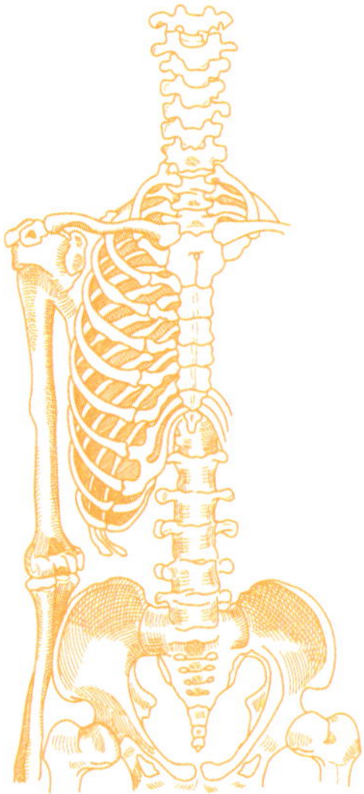

Die Pusteblume?

So könnte ein

Fallschirm aussehen!

Die **Wirbelsäule?**

Ein mechanischer Roboter.

Schnell zeichnete Leonardo

all seine Ideen.

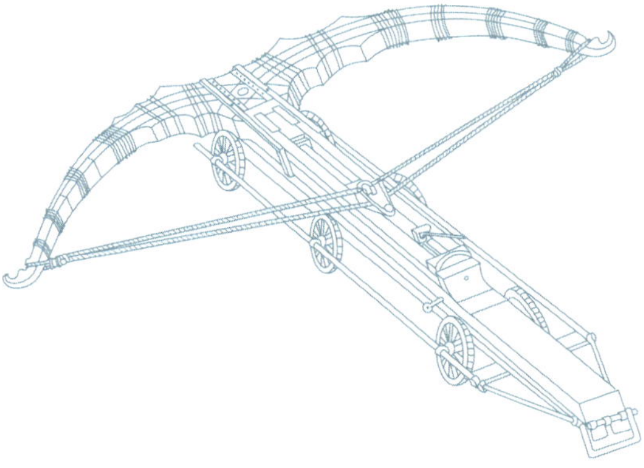

Schon ging es weiter.

Einen Taucheranzug.

Ein **Katapult.**

Ein Unterseeboot.

KONSTRUIEREN
bedeutet, etwas zu entwerfen, zu planen und zu bauen.

DIE WIRBELSÄULE
ist die Stütze des Körpers. Dank ihr können wir aufrecht gehen. Sie verbindet Kopf, Arme und Beine.

DAS KATAPULT
ist eine Wurfmaschine. Meist wurden mit ihr Gesteinsbrocken auf Feinde geworfen.

Die Last ist zu schwer?
Da bräuchte man einen Wagen.
Am besten einen,
der sich selbst bewegt.
Eine **mobile** Brücke
über den Fluss? Ja!
Festungsanlagen,
ein Panzerfahrzeug.
Uniformen gleich dazu.
Leonardo zeichnete,
er malte und er sang.
Nur schlafen,
das tat er selten.

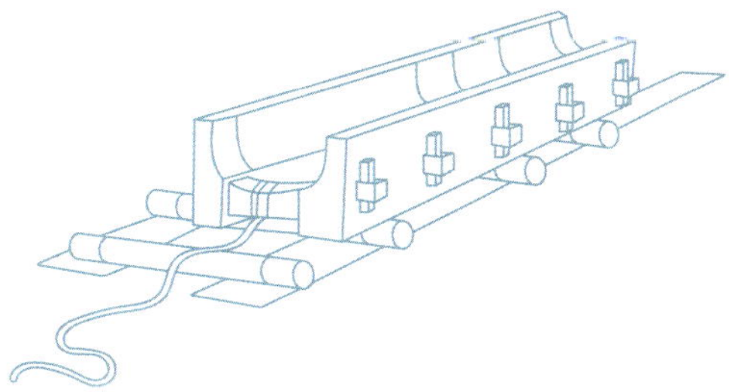

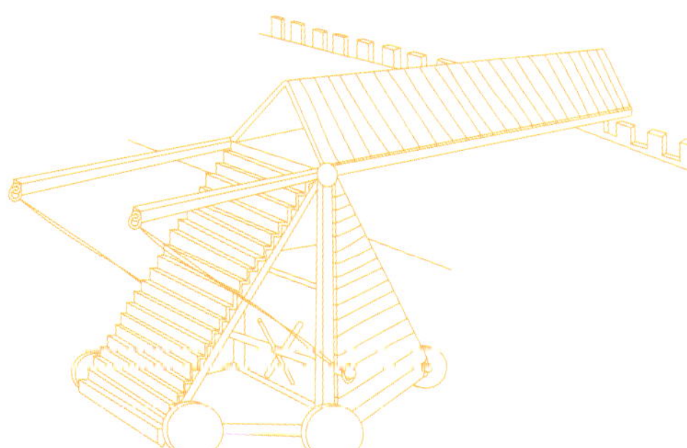

MOBIL
bedeutet, dass sich etwas schnell ab- und wieder aufbauen lässt. So kann man es an vielen Stellen einsetzen.

DIE UNIFORM
ist eine einheitliche Kleidung. Alle tragen das Gleiche – aus dem gleichen Material, in der gleichen Farbe und in der gleichen Form.

Leonardo da Vinci war ein genialer Zeichner, denn er stellte die Dinge mit **Perspektive** dar. Außerdem war er ein großer Maler. Die **Mona Lisa** ist weltberühmt. Sein Wandgemälde vom **Abendmahl** ebenso.

DIE PERSPEKTIVE
ist die Art, wie man auf einem Bild Entfernungen darstellt.

DIE MONA LISA
ist das bekannteste Ölgemälde von da Vinci. Es hängt in einem Museum in Paris, dem Louvre, und zählt zu den teuersten Bildern der Welt.

DAS ABENDMAHL
ist ein Gemälde, das da Vinci direkt auf die Wand im Speisesaal eines Klosters in Mailand gemalt hat. Es entstand zwischen 1494 und 1498 und wird noch heute bewundert.

Leonardo dachte sich unzählige Dinge aus. Aber nur wenige baute er. Bis heute bauen Forscherinnen und Forscher nach, was er sich ausgedacht hat. Viele Ideen sind toll. Manche funktionieren gar nicht. Trotzdem gilt er als **Universalgelehrter**, der bis heute die Menschen **fasziniert** und begeistert.

DER UNIVERSALGELEHRTE
oder die Universalgelehrte ist ein Mensch, der sich auf sehr vielen Gebieten gut auskennt.

FASZINIEREN
Wenn das Interesse geweckt wird und man etwas sehr spannend findet, dann ist man fasziniert davon.

Super gelesen

AUF ZUM RÄTSELSPAß!

1. Wie nennt man es, wenn für eine Erfindung bei der Natur etwas abgeguckt wird? Setze das Bild und die Buchstaben richtig zusammen.

_ _ _ _ _ _ _

O

BI

K

NI

2. Leonardo da Vinci zeichnete Dinge, die es noch nicht gab. Welche? Verbinde die Wörter links mit denen rechts.

EIN KATA	BOOT
EIN TAUCHER	SCHIRM
EIN FALL	ANZUG
EIN UNTERSEE	PULT

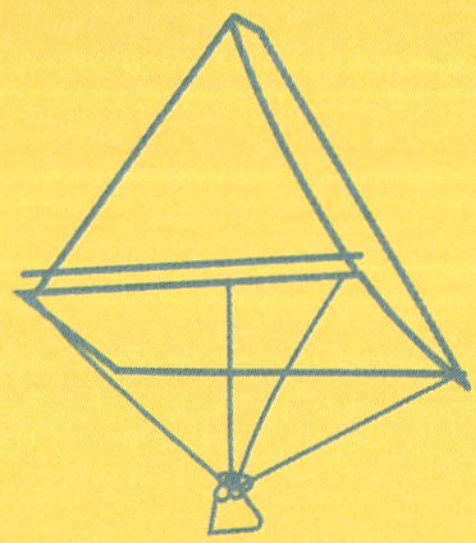

3. Leonardo da Vinci war auch Maler. Welches Bild ist weltberühmt?

4 = A

1 = L

~~1~~, ~~2~~

4. Hier hat sich ein Fehler eingeschlichen. Welche Aussage ist falsch?

Leonardo da Vinci …

a) … machte Tausende Zeichnungen.

b) … baute unzählige Dinge.

c) … wuchs in Italien auf.

d) … beobachtete seine Umwelt genau.

Lösungen: 1. Bionik; 2. ein Katapult, ein Taucheranzug, ein Fallschirm, ein Unterseeboot; 3. Mona Lisa; 4. b) ist falsch.

Beharrlich zu sein,
zahlt sich aus.

STEPHANIE KWOLEK

Ein neues Material: Kevlar

Könnte ein **Superheld**
sich Kleidung wünschen,
dann würde diese nicht reißen,
keine Löcher bekommen
und ganz leicht sein.
Feuer könnte ihr nichts anhaben,
und **kugelsicher** wäre sie auch.

DER SUPERHELD
hat übermenschliche Kräfte und meist eine super Ausrüstung. Superheldinnen und Superhelden helfen und beschützen die Menschen – zumindest in Geschichten und Filmen.

KUGELSICHER
heißt, dass die Kugeln bei dem Schuss aus einem Gewehr nicht durch den Stoff dringen können. Man ist geschützt.

Oh ja! Das wäre

ein echter Superhelden-Stoff!

Gibt es nicht?

Gibt es doch!

Es ist Kevlar.

KEVLAR

ist der Name eines neu
erfundenen Materials.
Seit 1971 wird es benutzt.

Schafwolle

Baumwollkapsel

Stoffe werden aus dünnen Fäden verwoben.
Meist sind die Fäden aus der **Wolle** von Tieren.
Von Schafen oder Ziegen zum Beispiel.
Oder sie kommen aus Pflanzen
wie Baumwolle oder **Hanf.**
Aber könnte man solche Fäden
nicht auch **chemisch** herstellen?

DIE WOLLE
ist das Haar von Tieren. Man kann sie zu Fäden verspinnen und dann Stoffe daraus herstellen.

DER HANF
ist eine Pflanze, aus der man vielerlei machen kann, zum Beispiel Papier, Kleidung, Segeltuch, Seile.

CHEMISCH
bedeutet hier: aus künstlichen Fasern – also aus Material, das der Mensch hergestellt hat.

Daran tüfteln einige große Firmen.
In einem Forschungslabor einer Firma arbeitete Stephanie Kwolek.
Sie hatte Chemie studiert. Doch sie träumte davon, Ärztin zu werden. Aber zunächst musste sie Geld verdienen. Also arbeitete sie im Labor.

DAS FORSCHUNGSLABOR
ist ein Ort, an dem verschiedene Experimente gemacht und neue Stoffe untersucht werden.

STEPHANIE KWOLEK
war Amerikanerin. Ihre Eltern kamen aus Polen. Sie wurde am 31. Juli 1923 geboren und ist am 18. Juni 2014 in den USA gestorben.

Seit etwa 1950 arbeitete

Stephanie Kwolekmit ihrem Team daran,

Beschichtungen zu finden, damit Autoreifen

stabiler werden. Tag für Tag forschte sie.

15 Jahre später fand sie einen Super-Stoff:

Er ist stabiler als Stahl, er brennt nicht,

ist leicht und reißt nicht. Es ist Kevlar.

Ein großer Stahlträger wird verbaut.

DIE BESCHICHTUNG
ist eine auf der Oberfläche aufgetragene Schicht.

DER STAHL
ist ein Werkstoff, der aus Eisen besteht. Er ist sehr stabil und sehr fest!

Man verwendet Kevlar
für viele Gegenstände:
Für Kabel unter dem Meer,
in Booten und in Flugzeugen.
Es gibt Schutzkleidung daraus.
Raumanzüge sind aus Kevlar,
und die Raketen auch.
Bei Hubschraubern sind
die Rotorblätter und
das Gehäuse aus Kevlar.

DIE RAUMANZÜGE
werden von Astronauten im Weltall getragen. Sie müssen gut schützen und besonders luftdicht und hitzebeständig sein.

DIE ROTORBLÄTTER
gibt es bei Hubschraubern oder auch Windkraftanlagen. Es sind Flügel, die von Wind oder Motoren angetrieben werden und sich dadurch drehen.

Heute findet man Kevlar fast überall.
Das **Material** hat viele Vorteile:
Es ist leicht und stabil. Man kann daraus Fäden spinnen, die in den Stoff eingewebt werden.
Oder aus **Waben** superleichte Platten herstellen.
Doch eine so wichtige Erfindung gelingt kaum noch einem Menschen allein.

DAS MATERIAL
ist der Stoff, aus dem etwas besteht.

DIE WABEN
sind sechseckige Zellen, die Teil einer größeren Fläche sind. Bienen bauen aus Waben ihre Nester.

Deshalb arbeiten Wissenschaftlerinnen und Wissenschaftler zusammen und tauschen sich aus – und zwar auf der ganzen Welt. Sie forschen an vielen spannenden Dingen! Auch Stephanie Kwolek arbeitete in einem großen **Team.** Für ihre Arbeit bekam sie viele **Auszeichnungen.**

> „Alles Mögliche kann geschehen, wenn du für neue Ideen offen bist und mit den Dingen ein bisschen spielst."
>
> Stephanie Kwolek

DAS TEAM
ist ein englisches Wort. Man spricht es „tiem". Das ist eine Gruppe, die zum Beispiel gemeinsam an einer Aufgabe arbeitet.

DIE AUSZEICHNUNG
Ist eine besondere Anerkennung, mit der eine Arbeit gewürdigt wird. So hat Stephanie Kwolek zum Beispiel 1996 vom amerikanischen Präsidenten eine Medaille für ihre Erfindung bekommen.

Super gelesen

AUF ZUM RÄTSELSPAß!

1. Wo arbeitete Stephanie Kwolek? Finde das Wort im Buchstabensalat.

IPLVXRETWQUFABC
ÜALFOLKRUTZCBNYM
QFORSCHUNGSLABORX
ZWETROSHEBGSIHGLRSP

2. Welches Fach hat Stephanie Kwolek studiert?

a) ☐ **Physik**

b) ☐ **Biologie**

c) ☐ **Medizin**

d) ☐ **Chemie**

3. Wie heißt der Super-Stoff, den das Team erfand? Wähle die passenden Silben.

_ _ _ _ _ _

4. Wofür verwendet man den Super-Stoff? Setze die Wörter (ohne Begleiter) in die Felder ein. Es darf kein Feld frei bleiben.

die HOSE das KABEL

das ROTORBLATT

die RAKETE das BOOT

Lösungen: 1. Forschungslabor; 2. d) Chemie; 3. Kevlar; 4. waagerecht: Boot, Hose, Kabel, Rakete; senkrecht: Rotorblatt.

Die Welt zu verändern,
das beginnt manchmal mit einer kleinen
Erfindung zu Hause.

ANN MAKOSINSKI

Eine Taschenlampe, die dank Körperwärme leuchtet

Wenn die Sonne untergeht,
wird es langsam dunkel.
Du schaltest das Licht an
und kannst weiterlesen.
Doch nicht alle Menschen
haben Zugang zu Strom.

DER STROM
ist elektrische Energie. Bei uns kommt er meist aus der Steckdose. Man kann ihn in Batterien speichern oder mit Generatoren gewinnen.

Ann Makosinski war 15 Jahre alt.
Sie wusste, dass man zum Lernen Licht braucht.
Denn im Dunkeln kann man nicht lesen.
Und bei **Stromausfall** funktioniert gar nichts mehr.
„Moment!“, dachte Ann. „Ich habe warme Hände.
Und Wärme ist **Energie.“**
Das hatte sie in der Schule gelernt.

Stromausfall in Caracas (Venezuela), Juli 2019

ANN MAKOSINSKI
wurde am 3. Oktober 1997 geboren und lebt in Kanada.

BEI STROMAUSFALL
gibt es keinen Strom mehr. Häufig sind Unwetter dafür verantwortlich, eine Überlastung des Stromnetzes oder andere technische Ursachen.

DIE ENERGIE
ist eine physikalische Kraft. Mit ihr kann man mechanische Arbeit verrichten, sie kann Wärme abgeben oder als Licht ausgestrahlt werden.

Ann hatte auch gelernt:
Energie lässt sich umwandeln.
Also müsste man aus der **Wärme** **elektrische Energie** gewinnen können.
Und mit diesem Strom könnte man eine Taschenlampe zum Leuchten bringen.
In Anns Kopf überschlugen sich die Ideen.

DIE WÄRME
ist eine Form von Energie: nämlich die Wärmeenergie.

DIE ELEKTRISCHE ENERGIE
wird kurz Strom genannt. In der Natur tritt sie auch auf, zum Beispiel entlädt sie sich in einem Blitz.

Anlage zum Aufstauen eines Flusses, um die Wasserkraft zu nutzen

Um Strom zu erzeugen,

nutzt man zum Beispiel Wasserkraftwerke.

Hier wird die Bewegungsenergie des Wassers

zu elektrischer Energie. In Windkraftwerken wird

die Kraft des Windes zu Strom verändert.

Strom wird immer durch Umwandlung gewonnen.

Denn Energie geht nie verloren.

Sie verändert sich immer nur.

DIE BEWEGUNGSENERGIE
ist die Energie, die ein Körper aufgrund seiner Bewegung hat. Das Wasser in einem Fluss strömt – das ist Energie. Auch der Wind, der uns um die Ohren bläst, hat Energie.

DIE UMWANDLUNG
Man verändert eine Sache in eine andere.

Ann überlegte. Das klang ja **logisch.**
Sie fand heraus, dass es ein Bauteil gibt,
das aus einem **Temperaturunterschied**
elektrische Spannung erzeugen kann.
Mit diesem Teil, dem **Peltier-Element,**
baute sie eine Taschenlampe.
Die Lampe ist hohl und wird im Inneren durch die Umgebungsluft gekühlt. Außen liegt die warme Hand. Weil die Lampe durch ein paar Tricks von Ann nur sehr wenig Strom verbraucht,
reicht dieser Temperaturunterschied aus, um sie zum Leuchten zu bringen.

Ann testet
ihre Erfindung.

LOGISCH
heißt, dass man etwas gut nachvollziehen kann und es richtig erscheint.

DER TEMPERATURUNTERSCHIED
entsteht, wenn zwei unterschiedlich warme oder kalte Körper aufeinandertreffen.

DAS PELTIER-ELEMENT
kann Wärme transportieren. Ann nutzte es, um die Energie der Wärme in Licht umzuwandeln.

Dies war im Jahr 2013. Es war nur die erste von vielen Erfindungen. Ann entwickelte auch ein Radio, das mit der Wärme einer Kerze betrieben werden kann. Einen Kaffeebecher, mit dessen Wärme man sein Handy aufladen kann. Und vieles mehr.

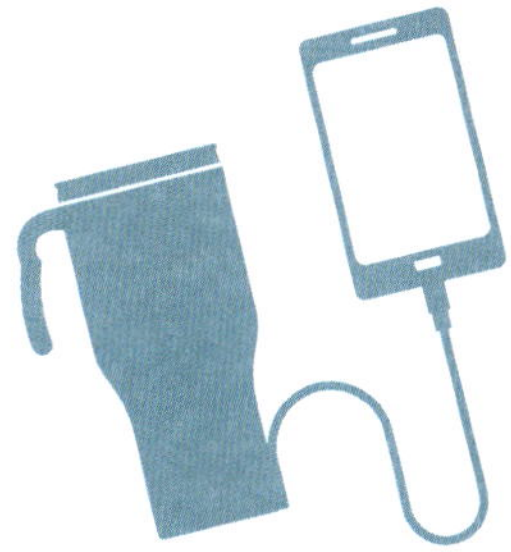

Junge Denkerinnen und Denker können ihre Ideen an verschiedenen Orten vorstellen. Zum Beispiel bei „Jugend forscht“. Vielleicht bist du auch eine Erfinderin oder ein Erfinder? Probiere es aus!

JUGEND FORSCHT
ist ein Schüler- und Jugendwettbewerb. Dort kannst du deine Ideen im Bereich Naturwissenschaften und Technik vorstellen.

Super gelesen

AUF ZUM RÄTSELSPAß!

1. Für wen erfand Ann Makosinski eine neue Art der Taschenlampe? Kreuze an.

- ☐ für sich selbst
- ☐ für die Schule
- ☐ für Menschen ohne Strom
- ☐ für Menschen ohne Wasser

2. Mit welcher Energie funktioniert Ann Makosinskis Taschenlampe? Kreuze an.

3. Was erfand Ann Makosinski außer der Taschenlampe noch?

a) ☐ ein duftendes Klo

b) ☐ ein wärmebetriebenes Radio

c) ☐ ein fliegendes Handy

4. Energie aus der Natur lässt sich in Strom umwandeln. Doch wo entsteht der Strom? Ordne die Silben und trage die Wörter ein.

Im ...

WERK KRAFT WIND

____

KRAFT WASSER WERK

____

WÄRME KRAFT WERK SONNEN

____

Lösungen: 1. für Menschen ohne Strom; 2. mit der Wärme der Hände; 3. b) ein wärmebetriebenes Radio;
4. Windkraftwerk, Wasserkraftwerk, Sonnenwärmekraftwerk

Bildnachweis
l = links, r = rechts, M = Mitte, o = oben, u = unten
Dorina Tessmann: 6, 18, 30;
13M © SSPL/Science Museum/Bridgeman Images; 13r © NPL - DeA Picture Library/Bridgeman Images; 25l © CSU Archives/Everett Collection/Bridgeman Images; 25r INTERFOTO / Austrian National Library / Weltbild; 38M mauritius images / Giorgio Morara / Alamy; 39 mauritius images / Kui LI / Alamy; 42 akg-images / Science Photo Library / Hagley Archive; 54, mauritius images / Matt Crossick / Alamy / Alamy Stock Photos; 60 Arthur Makosinski; 61u picture alliance / Arne Dedert/dpa; Shutterstock.com: VNS Zagory; 1o Rashad Ashur; 1M Matvienko Vladimir; 4o Daria Pushka; 4M Elena Istomina; 4ul h0lyland; 4ur hvostik; 5 Rvector; 8o (Klebestreifen) Flas100; 8o Macrovector; 8u Abi pandu wiguna02; 8/9u I am Balla; 9 pichayasri; 10 grayjay; 11 FooTToo; 12u Rvector; 13l Andrii Rudyk; 14o geogif; 14ul Am.uhrinova; 14ur kora_sun; 15o EgudinKa; 15ul Igor Shikov; 15ur Nadya_Art; 17o Forrest10; 20o, 20ur Natahlee; 20ul Inspiring; 21o EB Adventure Photography; 22o Iftikhar Ahmad Khan; 22M Serhii Mudrevskyi; 22ul Sureewan Suntornpasert; 22ur Nezakat Kerimova 71; 23o Multigon; 23u Johannes Kraak; 22/23u TMvectorart; 24o Irina Clescenco; 24u Alexander_P; 25l Frame Art; 25r vectortatu; 26o vectorsector; 26ul IGORdeyka; 26ur Christopher Joe Brown; 27o Es sarawuth; 28oM Rainboska; 28or mentalmind; 29or AnastasiiaM; 32o Shirstok; 32u delcarmat; 33o Poi NATTHAYA; 33ul Reeed; 33ur Janaka Dharmasena; 34l MoreVector; 34r Morphart Creation; 35l Helena-art; 35r Oleg7799; 36, 37 Daria Pushka; 38l delcarmat; 38 (Rahmen) IS MODE; 38r shutter_tonko; 40u Daria Pushka; 41oM kvector; 41or Tartila; 44 Net Vector; 45o KG Design; 45u Net Vector; 46ol oksana2010; 46or hvoya; 46ul Juli Gin; 46ur Andrii Bezvershenko; 47 GoodStudio; 48 Randy Hergenrether; 49ol Olivier Le Moal; 49or MBLifestyle; 49Mr Castleski; 50 (Kevlar-Waben) Dmitri Mihhailov; 50 (Waben-Grafik) Dernkadel; 50u Studio Photo MH; 51l mejorana; 51M kuroksta; 51r Anastasia_B; 52M smashingstocks; 53u Mind Pixell; 56o Yevhen Prozhyrko; 56ul Nazarii M; 56uM ace03; 56ur In-Finity; 57M Paolo Costa; 57r koblizeek; 58 masher; 59o Al.geba; 59ul Creative_Vector; 59uM digitmilk; 59ur Creative_Vector.; 61ol Dn Br; 61or sumkinn; 61M (Noten) VectorsArt; 61M (Radio) icon0.com; 61M (Kerze) Vip_Icon; 62u (Batterie) In-Finity; 62u (Stecker) Nazarii M; 62u (Hand) peart.ru; 62u (Windrad) Creative_Vector.

Bibliografische Information der Deutschen Nationalbibliothek
Die Deutsche Nationalbibliothek verzeichnet diese Publikation in der Deutschen Nationalbibliografie; detaillierte bibliografische Daten sind im Internet über http://dnb.dnb.de abrufbar.

D C B A
Bibliographisches Institut GmbH,
Mecklenburgische Straße 53, 14197 Berlin

Redaktionelle Leitung
Ina Koslowski
Redaktion
Steffi Korda, Büro für Kinder- und Erwachsenenliteratur, Hamburg
Autorin
Helen Seeberg
Illustrationen
Dorina Tessmann

Layout und Satz formlabor, Hamburg
Umschlaggestaltung Kathrin Keienburg-Rees, Freiburg
Umschlagabbildung Dorina Tessmann (Illustration und Rückenbild),
Creative Stall from Noun Project (Icon Lesen)
Druck und Bindung Mohn Media Mohndruck, Gütersloh
Printed in Germany

ISBN 978-3-411-78007-5
www.duden.de

PEFC
PEFC/04-31-1033

PEFC zertifiziert
Dieses Produkt stammt aus nachhaltig bewirtschafteten Wäldern und kontrollierten Quellen.

www.pefc.de

Dein Lesestart

ISBN 978-3-411-78000-6
ISBN 978-3-411-78003-7
ISBN 978-3-411-78002-0
ISBN 978-3-411-78001-3
ISBN 978-3-411-78004-4
ISBN 978-3-411-78005-1

Mit Lieblingsthemen die Lesefreude
und den Wortschatz von Kindern stärken

DUDEN

www.duden.de